D1665302

SILENCE RADIO ET SÉDUCTION : GUIDE COMPLET POUR UNE STRATÉGIE EFFICACE

AURNY AIRDUVAL

SILENCE RADIO ET SÉDUCTION : GUIDE COMPLET POUR UNE STRATÉGIE EFFICACE

Avant-propos

La séduction, cette danse subtile entre deux individus, est un art millénaire. Elle évolue avec le temps, mais une constante demeure : la communication. Dans le monde complexe des relations amoureuses, la manière dont nous communiquons avec l'autre revêt une importance capitale. Parmi les nombreuses stratégies et tactiques à notre disposition, l'une d'entre elles se démarque par son pouvoir intrigant : le silence radio.

1. Présentation du silence radio

Souvent méconnu et mal compris le silence radio est une stratégie de communication puissante utilisée dans le domaine de la séduction. Cette technique consiste à cesser brusquement toute communication avec la personne que vous désirez séduire, créant ainsi un vide apparent. C'est une démarche audacieuse qui vise à susciter l'intérêt, à piquer la curiosité et à créer un manque chez l'autre personne. Le silence radio, lorsqu'il est exécuté avec soin et discernement, peut ouvrir des portes vers des connexions profondes et durables.

Avec ce guide vous allez découvrir cette stratégie fascinante. Nous allons explorer les motivations derrière le silence radio, les situations appropriées pour son utilisation, les étapes nécessaires à sa mise en œuvre, ainsi que ses avantages et ses inconvénients. Nous examinerons également les alternatives disponibles et les aspects psychologiques qui sous-tendent cette technique.

2. Aperçu du contenu à venir

Les pages qui suivent contiennent une étude approfondie du silence radio en séduction, en mettant l'accent sur son efficacité, ses applications pratiques et ses implications émotionnelles. Vous découvrirez comment utiliser cette stratégie de manière éthique, en respectant les limites de l'autre personne et en évitant les pièges courants.

À travers des témoignages réels et des études de cas, vous plongerez dans des expériences concrètes de personnes ayant utilisé le silence radio avec succès. Vous apprendrez les leçons tirées de leurs parcours et comment les appliquer à votre propre situation.

Mais ce livre va au-delà de la simple mise en œuvre du silence radio. Il explore également d'autres aspects de la séduction, y compris la communication non verbale, la communication digitale, la confiance en soi et la gestion des émotions. Vous découvrirez comment ces éléments interagissent avec le silence radio pour créer une séduction efficace et authentique.

Enfin, vous trouverez des conseils pratiques pour rétablir la communication après avoir utilisé le silence radio et comment maintenir une relation saine et équilibrée.

Ce guide a été conçu pour vous offrir une compréhension complète du silence radio en séduction. Il est destiné à tous ceux qui souhaitent améliorer leurs compétences en séduction, que vous soyez novice dans le domaine de la séduction ou un expert à la recherche de nouvelles stratégies.

Chapitre 1

Les situations appropriées pour le silence radio

Le silence radio, en tant que stratégie de communication en séduction, n'est pas une approche universelle qui convient à toutes les situations. Pour utiliser cette technique de manière efficace, il est essentiel de comprendre quand elle peut être appropriée et quand il vaut mieux l'éviter. Nous allons voir les situations dans lesquelles le silence radio peut devenir une stratégie puissante pour attirer l'attention de l'autre personne et créer une connexion plus profonde.

1. Quand le silence radio peut être une stratégie efficace

Après une rupture : l'une des situations les plus courantes où le silence radio peut être efficace est après une rupture. C'est une période émotionnellement chargée où les deux parties ont besoin de temps pour réfléchir, guérir et retrouver leur indépendance émotionnelle. Le silence radio peut permettre à chacun de retrouver son équilibre et de clarifier ses sentiments.

Face à la distance émotionnelle : si vous sentez que votre relation est en train de perdre son intensité émotionnelle, le silence radio peut servir à créer un manque et à raviver l'intérêt. L'espace temporaire peut donner à l'autre personne l'occasion de réaliser ce qu'elle ressent vraiment.

Quand vous cherchez à créer du mystère : parfois, dans le jeu de la séduction, créer un certain mystère autour de vous peut susciter la curiosité et l'attraction. Le silence radio peut être utilisé de manière subtile pour laisser l'autre personne se demander ce qui vous arrive et pourquoi vous êtes soudainement moins disponible.

Après une dispute ou un malentendu : après une dispute, donner un peu de temps et d'espace peut être bénéfique pour apaiser les tensions. Le silence radio peut permettre aux émotions de se calmer et favoriser une meilleure communication ultérieure.

Lorsque l'autre personne est trop enthousiaste : si vous ressentez que l'autre personne s'investit trop rapidement et que cela crée un déséquilibre dans la relation, le silence radio peut aider à rétablir cet équilibre en créant un espace pour l'appréciation mutuelle.

2. Les situations à éviter

En cas de communication importante : évitez d'utiliser le silence radio lorsqu'une communication importante est nécessaire. Par exemple, si vous avez prévu un rendez-vous ou si vous avez des engagements mutuels à respecter, il est préférable de communiquer clairement.

Lorsque vous utilisez le silence radio comme manipulation : utiliser le silence radio pour manipuler ou contrôler l'autre personne est déconseillé. Il est important de l'utiliser de manière éthique, en respectant les sentiments et les limites de l'autre.

Si l'autre personne vous demande clairement de ne pas le faire : si l'autre personne exprime explicitement son désir de maintenir la communication, il est important de respecter sa demande. Ignorer cela pourrait nuire à la confiance et à la relation.

Dans une relation abusive : si vous êtes dans une relation abusive, le silence radio peut être dangereux. Il est préférable de chercher de l'aide et du soutien pour sortir de cette situation.

Chapitre 2

La mise en œuvre du silence radio

Maintenant que nous avons examiné les situations appropriées pour le silence radio, il est temps de plonger dans les détails de sa mise en œuvre. Le silence radio n'est pas simplement une question de cesser de communiquer. C'est une stratégie délibérée qui nécessite une planification et une exécution attentives pour atteindre les résultats souhaités. Nous allons voir les étapes à suivre pour mettre en place le silence radio de manière efficace, ainsi que des conseils sur la gestion des réactions de l'autre personne.

1. Étapes à suivre pour mettre en place le silence radio

Prenez la décision de mettre en œuvre le silence radio : la première étape consiste à décider consciemment d'utiliser le silence radio comme stratégie de communication. Assurez-vous que cette décision est réfléchie et basée sur les circonstances appropriées que nous avons examinées précédemment.

Établissez vos objectifs : avant de commencer, définissez clairement ce que vous espérez accomplir grâce au silence radio. Vos objectifs peuvent inclure le rétablissement de l'intérêt de l'autre personne, la réflexion personnelle ou la résolution de problèmes dans la relation.

Informez l'autre personne de votre décision (optionnel) : dans certaines situations, il peut être approprié d'informer l'autre personne de votre intention d'entrer en silence radio. Cela peut être fait de manière respectueuse en expliquant vos motivations et en rassurant l'autre quant à vos sentiments réels. Cependant, cela n'est pas toujours nécessaire, surtout si la situation demande une pause immédiate de la communication.

Cessez toute communication : une fois que vous avez pris la décision et défini vos objectifs, cessez toute communication avec l'autre personne. Cela signifie arrêter les appels, les messages texte, les courriels et les interactions sur les réseaux sociaux. Le silence radio doit être complet pour avoir l'effet désiré.

Restez conséquent : l'une des clés du succès du silence radio est la constance. Évitez de céder à la tentation de reprendre contact trop tôt ou de manière aléatoire. Fixez-vous une période de silence radio et tenez-vous-y.

Occupez votre temps et votre énergie : pendant cette période de silence radio, utilisez le temps pour vous concentrer sur vous-même. Poursuivez vos passions, explorez de nouveaux intérêts et investissez dans votre bien-être émotionnel. Cela vous aidera à maintenir une attitude positive et à rester occupé.

Gardez le calme : il est probable que vous ressentiez des émotions contradictoires pendant cette période. Vous pouvez vous sentir anxieux, incertain ou impatient. C'est normal. Essayez de rester calme et de faire confiance au processus que vous avez mis en place.

2. Comment gérer les réactions de l'autre personne

La mise en œuvre du silence radio peut déclencher diverses réactions chez l'autre personne. Voici comment gérer certaines de ces réactions :

Inquiétude ou curiosité : l'autre personne peut se demander pourquoi vous avez cessé de communiquer. Si elle vous contacte pour obtenir des explications, soyez honnête, mais respectueux de vos motivations. Expliquez que vous avez besoin de temps pour réfléchir ou pour résoudre certains problèmes personnels.

Colère ou confusion : il est possible que l'autre personne réagisse avec frustration ou colère. Dans ce cas, restez calme et respectueux. Évitez de vous laisser entraîner dans des disputes. Rappelez-lui que vous avez pris cette décision pour le bien de chacun.

Demandes de contact : l'autre personne peut essayer de vous contacter fréquemment pendant la période de silence radio. Si cela devient excessif, envisagez de bloquer temporairement les canaux de communication pour maintenir l'intégrité de votre espace.

Introspection : certains individus profiteront de cette période de silence radio pour réfléchir sur la relation. Ils peuvent se rendre compte de l'importance de votre présence dans leur vie. Soyez prêt à discuter de l'avenir de la relation lorsque vous décidez de reprendre contact.

Réouverture de la communication : lorsque vous décidez de réouvrir la communication, assurez-vous que cela se fait de manière respectueuse et douce. Expliquez pourquoi vous avez choisi le silence radio et comment cela a contribué à la relation. Soyez ouvert à la discussion et aux questions de l'autre personne.

Écoute active : soyez disposé à écouter les réactions et les sentiments de l'autre personne. Une communication ouverte et honnête est essentielle pour comprendre les besoins et les attentes des deux parties.

Adaptez votre approche : en fonction des réactions de l'autre personne, vous devrez peut-être ajuster votre stratégie. Si le silence radio a eu un impact positif, vous pouvez décider de continuer à le mettre en œuvre de manière plus sélective.

La mise en œuvre du silence radio demande de la planification, de la cohérence et de la patience. Gérer les réactions de l'autre personne avec respect et compréhension est essentiel pour maintenir des bases saines pour la communication future.

Chapitre 3

Les avantages du silence radio

Le silence radio est une stratégie de séduction intrigante en raison de ses nombreux avantages potentiels. Il ne s'agit pas seulement de cesser de communiquer, mais d'une démarche délibérée qui peut ouvrir des portes vers des connexions plus profondes et des relations plus solides. Nous allons voir les succès potentiels et les bénéfices du silence radio, ainsi que son efficacité en tant que stratégie de communication en séduction.

1. Les succès potentiels et les bénéfices

Rétablissement de l'intérêt : l'un des principaux avantages du silence radio est sa capacité à rétablir l'intérêt de l'autre personne. Lorsque vous cessez brusquement de communiquer, cela peut susciter la curiosité et inciter l'autre à se demander pourquoi vous êtes soudainement moins disponible.

Création d'un manque : le silence radio crée un vide apparent dans la vie de l'autre personne. Ce vide peut susciter un sentiment de manque, incitant ainsi l'autre à vouloir renouer la communication pour combler ce manque.

Temps pour la réflexion : le silence radio donne à chaque partie l'occasion de réfléchir sur la relation et sur ce qu'elle signifie pour eux. Cela peut favoriser une réflexion personnelle profonde et aider à clarifier les sentiments.

Réduction de la pression : si la relation était devenue trop intense ou si l'une des parties se sentait submergée, le silence radio peut réduire cette pression en créant un espace temporaire. Cela peut permettre à chacun de respirer et de revenir à la relation avec une perspective plus claire.

Renforcement de la communication : paradoxalement, le silence radio peut renforcer la communication ultérieure. Lorsque vous reprenez contact après une période de silence, la conversation peut être plus significative et les deux parties peuvent être plus ouvertes à partager leurs pensées et leurs sentiments.

2. L'efficacité du silence radio

L'efficacité du silence radio repose en grande partie sur la psychologie humaine et sur la manière dont les individus réagissent à l'absence soudaine de communication. Voici quelques mécanismes psychologiques qui contribuent à son efficacité :

L'effet de contraste : lorsque la communication reprend après une période de silence, elle est souvent perçue comme plus précieuse et significative en raison du contraste avec le silence précédent.

L'incertitude : l'incertitude suscitée par le silence radio peut rendre l'autre personne plus attentive et attentive à la relation. Elle peut se demander ce qui se passe et pourquoi vous avez choisi le silence.

La réflexion personnelle : pendant le silence radio, les individus ont tendance à réfléchir davantage sur leurs propres sentiments et sur la relation. Cela peut les amener à apprécier la relation de manière plus profonde.

Le renforcement du respect de l'espace : le silence radio renforce le respect de l'espace personnel et des limites de chacun, ce qui peut être bénéfique pour la santé globale de la relation.

Le silence radio offre de nombreux avantages potentiels en séduction. Il peut rétablir l'intérêt, créer un manque, donner du temps pour la réflexion et renforcer la communication. Son efficacité repose sur la psychologie humaine et sur la manière dont il manipule les réactions émotionnelles de l'autre personne. Cependant, il est important de l'utiliser de manière éthique et respectueuse pour établir des connexions authentiques.

Chapitre 4

Les inconvénients du silence radio

Bien que le silence radio puisse être une stratégie de séduction efficace, il n'est pas exempt d'inconvénients et de risques. Il est essentiel de comprendre les pièges potentiels et les conséquences négatives pour pouvoir les gérer de manière appropriée. Nous allons voir les risques, les pièges et les conséquences négatives du silence radio, ainsi que la manière de les gérer.

1. Les risques, les pièges et les conséquences négatives

Confusion et frustration : le silence radio peut entraîner la confusion et la frustration chez l'autre personne. Elle peut ne pas comprendre pourquoi vous avez cessé de communiquer, ce qui peut causer de l'anxiété et des doutes.

Mauvaise interprétation : l'autre personne peut interpréter le silence radio de manière négative, en pensant que vous perdez tout intérêt pour elle. Cela peut entraîner une détérioration de la relation.

Sentiment de rejet : le silence radio peut faire ressentir à l'autre personne un sentiment de rejet. Elle peut se demander si elle a fait quelque chose de mal ou si elle ne compte plus pour vous.

Éloignement émotionnel : si le silence radio dure trop longtemps, il peut provoquer un éloignement émotionnel entre les deux parties. Les sentiments peuvent commencer à s'effacer, ce qui peut rendre la réouverture de la communication plus difficile.

Risque de perdre la relation : dans certaines situations, le silence radio peut entraîner la perte de la relation. Si l'autre personne ne comprend pas vos motivations et ne peut pas gérer le silence, elle peut décider de s'éloigner définitivement.

2. Gestion des conséquences indésirables

Il est essentiel de gérer les conséquences indésirables du silence radio de manière proactive. Voici quelques étapes pour y parvenir :

Communiquez ouvertement : si l'autre personne exprime de la confusion, de la frustration ou des inquiétudes, soyez prêt à communiquer ouvertement. Expliquez vos motivations pour avoir choisi le silence radio et rassurez-la sur vos sentiments réels.

Rétablissez la communication : si vous avez atteint vos objectifs avec le silence radio, envisagez de rétablir la communication de manière douce et respectueuse. Expliquez pourquoi vous avez choisi de mettre en œuvre cette stratégie et comment cela a contribué à la relation.

Apprenez de l'expérience : quels que soient les résultats du silence radio, utilisez cette expérience comme une opportunité d'apprentissage. Réfléchissez sur ce qui a fonctionné et ce qui n'a pas fonctionné, et comment vous pouvez améliorer vos compétences en séduction à l'avenir.

Soyez prêt à accepter la fin de la relation : dans certains cas, le silence radio peut conduire à la fin d'une relation. Soyez prêt à accepter cette possibilité et à vous concentrer sur votre propre bien-être et votre croissance personnelle.

Le silence radio comporte des inconvénients et des risques, notamment la confusion, la frustration et la possibilité de perdre la relation. Cependant, en gérant ces conséquences de manière ouverte et respectueuse, vous pouvez minimiser les effets négatifs et maximiser les avantages potentiels.

Chapitre 5

La durée du silence radio

La durée du silence radio est un aspect essentiel de cette stratégie de séduction. Elle peut varier considérablement en fonction de la situation, des objectifs et des besoins de la relation. Nous allons voir en détail la question de la durée du silence radio, et comment la choisir de manière réfléchie.

1. Variabilité de la durée

La durée du silence radio peut varier de quelques jours à plusieurs semaines, voire plus. Cette variabilité s'explique par le fait que chaque situation est unique, et que la durée doit être adaptée en conséquence. Certaines considérations à prendre en compte comprennent :

- les objectifs du silence radio.
- la nature de la relation.
- les réactions de l'autre personne.
- votre propre niveau de confort avec la période de silence.

2. Objectifs et durée

La durée du silence radio est souvent liée à ses objectifs. Par exemple, si l'objectif est de créer de l'espace après une dispute, une courte période de silence peut suffire. En revanche, si l'objectif est de raviver l'attraction, une période plus longue peut être nécessaire.

3. Communication des intentions

Avant de mettre en place le silence radio, il est important de communiquer vos intentions à l'autre personne, si cela est approprié ce qui n'est donc pas systématique. Cela peut aider à clarifier la durée prévue du silence et à éviter toute confusion.

4. Réouverture de la communication

Lorsque la période de silence radio atteint son objectif, il est essentiel de rétablir la communication de manière ouverte et honnête. Cela permet de prévenir l'éloignement permanent et de rétablir la confiance.

5. Exemples pratiques

Voici des exemples pratiques pour illustrer comment la durée du silence radio peut varier en fonction de différentes situations. Ces exemples doivent vous aider à comprendre comment choisir la durée appropriée pour votre propre situation.

Exemple 1 : raviver l'attraction

Imaginez que vous êtes dans une relation à long terme où l'attraction a commencé à s'estomper. Vous décidez d'utiliser le silence radio pour raviver l'attraction. Dans ce cas, une période de silence radio d'environ deux semaines peut être appropriée. Cela donne à chacun l'occasion de ressentir le manque et de se rappeler des aspects positifs de la relation. Une fois cette période écoulée, vous pouvez réouvrir la communication et exprimer vos sentiments de manière positive.

Exemple 2 : clarification des sentiments

Supposons que vous êtes dans une relation naissante et que les sentiments de l'une ou l'autre personne ne sont pas clairs. Vous décidez d'utiliser le silence radio pour donner à chacun le temps de réfléchir à ses sentiments. Dans ce cas, une période de silence de quelques jours à une semaine peut suffire. Cela permet à chacun de prendre du recul et d'évaluer ses émotions. Vous pouvez ensuite reprendre la communication pour discuter ouvertement de vos sentiments.

Exemple 3 : résoudre un conflit

Dans une situation où un conflit est survenu et les émotions sont tendues, le silence radio peut être utilisé pour apaiser la situation. La durée dépendra de la gravité du conflit. Par exemple, si le conflit est mineur, quelques jours de silence peuvent aider à calmer les esprits. Cependant, si le conflit est plus sérieux, une période plus longue, comme deux à trois semaines, peut être nécessaire pour que chacun puisse réfléchir et se calmer. La communication est ensuite rétablie pour résoudre le conflit de manière constructive.

Exemple 4 : créer de l'espace

Supposons que l'une des personnes dans une relation ressente le besoin de créer de l'espace pour des raisons personnelles. Dans ce cas, la durée du silence radio peut être plus flexible. Il est important de communiquer les besoins de l'espace de manière respectueuse et de laisser la durée ouverte, en convenant que la communication sera rétablie lorsque l'autre personne se sentira prête.

Exemple 5 : évaluer la relation

Dans une relation où des doutes persistent, le silence radio peut être utilisé pour évaluer la relation dans son ensemble. Une période de silence plus longue, comme un mois, peut être appropriée pour permettre aux deux parties de réfléchir à l'importance de la relation dans leur vie. À la fin de cette période, une discussion franche peut avoir lieu pour décider si la relation doit se poursuivre ou se terminer.

Ces exemples montrent comment la durée du silence radio peut varier en fonction des objectifs et des circonstances spécifiques de la relation. Ils soulignent également l'importance de réouvrir la communication de manière réfléchie une fois que la période de silence a atteint son objectif.

Chapitre 6

Alternatives au silence radio

Le silence radio n'est pas la seule stratégie de communication en séduction, et il n'est pas toujours la meilleure approche pour chaque situation. Nous allons voir différentes alternatives au silence radio, en mettant en lumière d'autres stratégies de communication et en discutant de la manière de choisir la meilleure approche pour vos besoins.

1. D'autres stratégies de communication en séduction

La communication honnête et ouverte : une approche franche et ouverte de la communication est souvent essentielle pour établir une base solide dans une relation. Cela signifie partager vos sentiments, vos désirs et vos préoccupations de manière honnête et respectueuse.

La communication non verbale : la communication non verbale, telle que le langage corporel et le contact visuel, joue un rôle crucial en séduction. Apprendre à lire et à utiliser efficacement les signaux non verbaux peut renforcer votre connexion avec l'autre personne.

31

La communication digitale : les technologies modernes offrent de nombreuses options pour communiquer, notamment les messages texte, les courriels, les appels vidéo, etc. Choisissez la méthode qui correspond le mieux à votre style de communication et à celui de l'autre personne.

L'écoute active : écouter attentivement l'autre personne et montrer que vous comprenez ses sentiments et ses préoccupations peut renforcer la relation. L'écoute active favorise la compréhension mutuelle et la confiance.

La communication émotionnelle : exprimer vos émotions de manière authentique peut créer une connexion profonde. Cela signifie partager vos joies, vos peines, vos peurs et vos espoirs avec l'autre personne.

La communication positive : mettez l'accent sur la communication positive en exprimant des compliments, de la gratitude et de l'appréciation. Une attitude positive peut renforcer l'attraction et le lien émotionnel.

2. Comment choisir la meilleure approche

Le choix de la meilleure approche de communication en séduction dépendra de la situation spécifique et des besoins des deux parties. Voici quelques étapes pour vous aider à prendre une décision éclairée :

Évaluez la situation : commencez par évaluer la situation et les circonstances actuelles de la relation. S'agit-il d'une nouvelle rencontre, d'une relation en développement ou d'une relation à long terme ? Quels sont les défis ou les problèmes actuels ?

Connaître vos objectifs : déterminez clairement quels sont vos objectifs dans la communication. Souhaitez-vous établir une connexion plus profonde, résoudre un conflit, raviver l'intérêt ou simplement maintenir une communication saine ?

Comprenez votre partenaire : tenez compte de la personnalité, des besoins et des préférences de votre partenaire. Certaines personnes peuvent préférer une communication ouverte et directe, tandis que d'autres peuvent être plus réceptives à des approches subtiles.

Adaptez-vous aux réactions : soyez prêt à ajuster votre approche en fonction des réactions de l'autre personne. Si une stratégie de communication ne semble pas fonctionner, soyez flexible et essayez une approche différente.

Écoutez votre instinct : faites confiance à votre instinct et à votre intuition. Si vous sentez qu'une approche particulière est la plus appropriée, suivez votre ressenti.

Consultez un conseiller ou un coach : si vous avez des doutes sur la meilleure approche à adopter, envisagez de consulter un conseiller en relations ou un coach en séduction. Ils peuvent vous fournir des conseils personnalisés en fonction de votre situation.

Le silence radio n'est qu'une des nombreuses stratégies de communication en séduction. Choisir la meilleure approche dépendra de la situation spécifique et des besoins des deux parties. L'essentiel est de favoriser une communication ouverte, respectueuse et authentique pour établir des connexions significatives et durables.

Chapitre 7

Les aspects psychologiques du silence radio

Le silence radio en séduction repose sur des bases psychologiques profondes, tant du côté de la personne qui l'utilise que de celui qui le subit. Nous allons voir le fonctionnement émotionnel derrière le silence radio, ainsi que la manière de gérer les émotions en séduction pour créer des connexions plus authentiques.

1. Le fonctionnement émotionnel derrière le silence radio

Création d'un manque : le silence radio repose en partie sur le principe de créer un manque. Lorsque vous cessez brusquement de communiquer avec l'autre personne, elle peut ressentir un vide émotionnel qui la pousse à vouloir rétablir la connexion pour combler ce manque. Cela fonctionne en exploitant le désir humain naturel d'obtenir ce qui est devenu soudainement inaccessible.

Éveil de la curiosité : l'absence soudaine de communication suscite souvent la curiosité. L'autre personne peut se demander pourquoi vous avez choisi de ne plus communiquer et ce que cela signifie pour la relation. Cette curiosité peut stimuler l'intérêt et l'attention.

Réflexion personnelle : le silence radio offre également un espace pour la réflexion personnelle. Tant la personne qui l'utilise que celle qui le subit ont l'occasion de penser à leurs sentiments, à leurs besoins et à leurs attentes par rapport à la relation.

Contraste émotionnel : le silence radio fonctionne souvent en utilisant le contraste émotionnel. Lorsque la communication reprend après une période de silence, elle peut sembler plus significative et précieuse en comparaison, renforçant ainsi l'attraction.

2. Gestion des émotions en séduction

Gérer les émotions en séduction est essentiel pour maintenir une communication saine et authentique. Voici quelques conseils pour gérer les émotions, que vous utilisiez le silence radio ou d'autres stratégies de séduction :

Comprenez vos propres émotions : prenez le temps de comprendre vos propres émotions et motivations. Pourquoi utilisez-vous le silence radio ? Quels sont vos objectifs et vos sentiments par rapport à la relation ?

Soignez votre bien-être émotionnel : assurez-vous de prendre soin de votre bien-être émotionnel. Écoutez vos besoins émotionnels et assurez-vous de trouver des moyens sains de les satisfaire.

Pratiquez l'écoute active : en séduction, l'écoute active est essentielle. Soyez attentif aux émotions et aux besoins de l'autre personne. Montrez de l'empathie et de la compréhension.

Communiquez honnêtement : l'honnêteté est la clé d'une communication saine. Exprimez vos sentiments et vos intentions de manière authentique. Soyez prêt à écouter les réponses de l'autre personne.

Respectez les limites : respectez les limites de l'autre personne en matière de communication. Si elle exprime le besoin d'espace ou de temps, respectez ces demandes.

Évitez la manipulation : évitez d'utiliser des stratégies de séduction pour manipuler ou contrôler l'autre personne. Une communication authentique est basée sur le respect mutuel et la compréhension.

Apprenez de l'expérience : chaque expérience en séduction, que ce soit avec ou sans silence radio, peut être une opportunité d'apprentissage. Réfléchissez sur ce qui fonctionne pour vous et sur ce qui ne fonctionne pas, et ajustez votre approche en conséquence.

Le silence radio en séduction repose sur des mécanismes émotionnels profonds, notamment la création d'un manque et l'éveil de la curiosité. Cependant, il est essentiel de gérer les émotions en séduction de manière saine et respectueuse pour établir des connexions authentiques.

Chapitre 8

Conseils pour une utilisation éthique du silence radio

Le silence radio est une stratégie puissante en séduction, mais son utilisation doit toujours être guidée par des principes éthiques. Nous allons voir des conseils essentiels pour une utilisation éthique du silence radio, notamment le respect des limites de l'autre personne et l'évitement de toute forme de manipulation.

1. Le respect des limites de l'autre personne

Communiquez vos intentions : si vous envisagez d'utiliser le silence radio, il est essentiel de communiquer vos intentions de manière transparente si la situation s'y prête. Expliquez pourquoi vous avez pris cette décision et ce que vous espérez en retirer. Assurez-vous que l'autre personne comprend que cela n'est pas un acte de rejet, mais une stratégie réfléchie.

Respectez les demandes d'espace : si l'autre personne exprime le besoin d'espace ou de temps pour réfléchir, respectez ces demandes. Ne forcez pas la communication à tout prix. Le respect de ses limites montre que vous prenez en compte ses besoins et ses émotions.

Soyez sensible aux réactions : soyez attentif aux réactions de l'autre personne pendant la période de silence radio. Si elle semble vraiment souffrir ou angoissée par cette stratégie, envisagez de réajuster votre approche ou de rétablir la communication de manière respectueuse.

Restez ouvert à la discussion : soyez prêt à discuter de la stratégie du silence radio avec l'autre personne lorsque vous décidez de reprendre contact. Écoutez ses réactions et ses sentiments et soyez ouvert à la communication honnête.

2. Éviter les manipulations

Ne jouez pas avec les émotions : évitez de jouer avec les émotions de l'autre personne en utilisant le silence radio de manière malveillante. Cette stratégie ne doit pas être utilisée pour manipuler, contrôler ou blesser quelqu'un.

Soyez honnête sur vos sentiments : si vous avez des doutes sur la relation ou si vous ne ressentez plus d'intérêt, soyez honnête à ce sujet. Utiliser le silence radio pour éviter une conversation difficile n'est pas une approche éthique.

Ne créez pas de doutes inutiles : évitez de créer des doutes inutiles chez l'autre personne en utilisant le silence radio de manière excessive ou sans explication. La communication doit toujours viser la clarification et la compréhension.

Ne promettez pas plus que vous pouvez tenir : si vous décidez de rétablir la communication après une période de silence radio, assurez-vous de ne pas promettre plus que vous pouvez tenir. Soyez réaliste sur vos intentions et vos attentes.

Chapitre 9

Témoignages et études de cas

Nous allons voir des exemples concrets de personnes ayant utilisé le silence radio en séduction. Nous examinerons les résultats obtenus et les leçons que nous pouvons tirer de leurs expériences. Ces témoignages et études de cas offriront un aperçu précieux des différentes manières dont le silence radio peut être appliqué et de ses effets potentiels.

Exemple 1 : le rétablissement de l'intérêt

Lucas et Ana étaient en couple depuis deux ans, mais leur relation avait commencé à s'essouffler. Lucas a décidé d'essayer le silence radio pour raviver l'intérêt d'Ana. Pendant deux semaines, il a cessé de communiquer avec elle. Lorsqu'ils ont repris leur communication, Lucas a été plus ouvert sur ses sentiments et ses désirs pour la relation. Ce silence radio a permis de rétablir l'intérêt d'Ana, et leur relation s'est approfondie.

Exemple 2 : la réflexion personnelle

Sophie et François étaient en relation depuis plusieurs mois, mais Sophie commençait à se sentir submergée par l'intensité de la relation. Elle a décidé de prendre un mois de silence radio pour réfléchir sur ses sentiments et ses besoins. Pendant cette période, François a respecté son besoin d'espace. Lorsqu'ils ont finalement recommencé à communiquer, Sophie était plus sûre de ses sentiments et de son engagement envers la relation. Ce temps de réflexion a renforcé leur lien émotionnel.

Exemple 3 : éviter la manipulation

Paul avait récemment commencé à fréquenter Sarah, mais il avait peur qu'elle ne soit pas aussi investie dans la relation que lui. Plutôt que d'utiliser le silence radio pour la manipuler, Paul a choisi de parler ouvertement de ses sentiments avec elle. Ils ont eu une conversation honnête sur leurs attentes et leurs intentions, ce qui a permis d'éviter toute confusion. Le respect de la communication ouverte a contribué à établir une relation basée sur la confiance.

Exemple 4 : une approche éthique

Lena avait rencontré Alex lors d'un événement social, et ils avaient immédiatement ressenti une forte connexion. Cependant, Lena ne voulait pas précipiter les choses. Au lieu d'utiliser le silence radio pour créer du mystère, elle a choisi de ralentir la communication, en espaçant les rencontres. Cette approche a permis à leur relation de se développer de manière organique, sans manipulation ni pression.

Leçons tirées des études de cas

Le silence radio peut être utilisé pour rétablir l'intérêt et raviver une relation, mais il doit être suivi d'une communication ouverte et honnête.

Il peut être efficace pour permettre une réflexion personnelle et aider à clarifier les sentiments.

La communication ouverte est essentielle pour éviter la manipulation et établir une relation basée sur la confiance.

Il existe différentes manières d'appliquer le silence radio, et il n'est pas toujours nécessaire de cesser complètement la communication.

L'éthique et le respect des limites de l'autre personne sont essentiels pour une utilisation saine du silence radio.

Ces exemples concrets et ces études de cas illustrent comment le silence radio peut être appliqué de manière éthique pour renforcer les relations. Cependant, il est important de se rappeler que chaque situation est unique, et il n'y a pas de garantie de succès. Il est essentiel de prendre en compte les besoins et les sentiments de l'autre personne dans toute stratégie de communication en séduction.

Chapitre 10

Le silence radio dans les relations à long terme

Le silence radio n'est pas réservé aux premières étapes de la séduction. Il peut également être une stratégie utile pour raviver une relation à long terme. Nous allons voir comment utiliser le silence radio de manière réfléchie pour renforcer une relation à long terme, ainsi que les pièges à éviter.

1. Comment utiliser le silence radio pour raviver une relation à long terme

La compréhension des besoins : avant d'utiliser le silence radio dans une relation à long terme, il est essentiel de comprendre les besoins des deux partenaires. Pourquoi ressentez-vous le besoin de raviver la relation ? Quels sont les défis actuels ? La communication ouverte et honnête est la première étape pour comprendre les besoins de chacun.

La création d'un espace temporaire : le silence radio peut être utilisé pour créer un espace temporaire dans la relation. Si la communication est devenue tendue ou conflictuelle, une pause peut permettre à chacun de respirer et de réfléchir sur la relation.

La réflexion personnelle : le silence radio offre une opportunité de réflexion personnelle pour les deux partenaires. Chacun peut se demander ce que la relation signifie pour eux, quels sont leurs objectifs et comment ils peuvent contribuer à son succès.

Le renforcement du désir : l'un des objectifs du silence radio dans une relation à long terme est de renforcer le désir. En créant un manque temporaire de communication, il est possible de raviver l'intérêt et l'attraction.

La reprise de la communication : après une période de silence radio, la reprise de la communication doit être soigneusement planifiée. Il est important d'expliquer pourquoi le silence a été choisi, ce que vous avez appris de cette expérience et ce que vous espérez pour l'avenir de la relation.

2. Les pièges à éviter

L'utilisation excessive : utiliser le silence radio de manière excessive dans une relation à long terme peut provoquer un éloignement émotionnel permanent. Il est essentiel de doser cette stratégie avec précaution.

Ne pas communiquer les intentions : ne pas communiquer les intentions derrière le silence radio peut créer de la confusion et de la méfiance. Assurez-vous que votre partenaire comprend pourquoi vous avez choisi cette stratégie. Des cas exceptionnels peuvent toutefois justifier l'absence de communication des intentions.

Ignorer les problèmes fondamentaux : le silence radio ne peut pas résoudre les problèmes fondamentaux d'une relation. Si des problèmes majeurs existent, il est important de les aborder ouvertement avec votre partenaire.

Ne pas rétablir la communication : après une période de silence radio, il est crucial de rétablir la communication. Ne pas le faire peut conduire à la stagnation de la relation.

La manipulation : évitez d'utiliser le silence radio comme une forme de manipulation pour contrôler ou blesser votre partenaire. L'objectif devrait toujours être de renforcer la relation, pas de jouer avec les émotions de l'autre personne.

Chapitre 11

La communication non verbale en séduction

La communication non verbale joue un rôle crucial en séduction, que ce soit dans le contexte du silence radio ou de toute autre stratégie de communication. Nous allons voir l'importance de la communication non verbale et son rôle dans le succès du silence radio.

1. L'importance de la communication non verbale

La communication non verbale se compose de gestes, d'expressions faciales, de langage corporel, de contact visuel, de ton de voix et d'autres signaux qui ne sont pas verbalement exprimés. Elle peut transmettre des informations importantes sur les émotions, les intentions et les désirs d'une personne. Voici pourquoi la communication non verbale est essentielle en séduction :

Elle renforce l'authenticité : la communication non verbale peut renforcer l'authenticité de vos paroles. Lorsque votre langage corporel, votre ton de voix et vos gestes correspondent à ce que vous dites verbalement, cela renforce la crédibilité de votre message.

Elle permet la lecture des émotions : les émotions sont souvent exprimées plus clairement à travers la communication non verbale que par les mots eux-mêmes. L'autre personne peut détecter vos émotions, même si vous essayez de les cacher verbalement.

Elle crée une connexion émotionnelle : la communication non verbale joue un rôle majeur dans la création d'une connexion émotionnelle. Le contact visuel, les sourires et les gestes chaleureux peuvent renforcer le lien avec l'autre personne.

Elle renforce l'attraction : la communication non verbale peut augmenter l'attraction entre les individus. Les signaux non verbaux de confiance en soi et d'ouverture peuvent être particulièrement attirants.

2. Son rôle dans le succès du silence radio

Le silence radio repose en partie sur la communication non verbale pour atteindre ses objectifs. Voici comment la communication non verbale peut contribuer au succès du silence radio :

Création de curiosité : votre communication non verbale pendant la période de silence radio peut créer de la curiosité chez l'autre personne. Si vous avez l'air confiant et que vous semblez bien vivre la période sans communication, cela peut susciter son intérêt.

Expression des émotions : même si vous n'exprimez pas verbalement vos émotions pendant le silence radio, elles peuvent être lues à travers votre communication non verbale. Par exemple, si vous êtes détendu et posi-tif lorsque vous reprenez contact, cela peut rassurer l'autre personne.

Renforcement de la connexion : lorsque vous repre-nez la communication après une période de silence ra-dio, votre langage corporel et votre ton de voix peuvent renforcer la connexion. Montrez de l'empathie, de l'ou-verture et de l'enthousiasme pour la conversation.

Communication de l'authenticité : la communication non verbale peut aider à transmettre votre authenticité. Si vous avez sincèrement réfléchi à la relation pendant le silence radio et que cela se reflète dans votre com-portement, l'autre personne sera plus encline à vous faire confiance.

Renforcement de l'attraction : une communication non verbale positive et attirante peut renforcer l'attrac-tion lorsque vous reprenez contact. Soyez conscient de votre langage corporel et de votre apparence pour maximiser l'effet.

Chapitre 12

La communication digitale en séduction

La communication digitale joue un rôle majeur en séduction à l'ère moderne, et cela inclut l'utilisation des médias sociaux, des messages texte, et d'autres moyens de communication en ligne. Nous allons voir comment utiliser la communication digitale de manière efficace tout en maintenant les principes du silence radio.

1. L'utilisation des messages textes

Utilisation stratégique des messages texte : les messages texte sont un moyen courant de communication dans les relations modernes. Lorsque vous utilisez le silence radio, envisagez d'envoyer un message texte uniquement pour briser le silence de manière douce. Par exemple, un simple "salut, comment ça va ?" peut être un moyen non intrusif de reprendre contact.

Évitez les messages textes : pendant le silence radio il faut éviter les messages textes. Si vous ne pouvez pas vous retenir ne noyez pas l'autre personne sous une avalanche de messages. Optez pour la qualité plutôt que la quantité pour maintenir le mystère et l'intérêt.

2. L'utilisation des médias sociaux

Soyez sélectif avec vos publications : si vous êtes amis sur les médias sociaux, soyez sélectif avec ce que vous publiez. Évitez de publier, car cela peut annuler l'effet du silence radio. Gardez une certaine réserve pour susciter la curiosité. Si vous publier éviter d'interagir directement avec l'autre personne sur les médias sociaux.

Préservez le mystère : l'un des avantages du silence radio est le mystère qu'il crée. Même dans le monde digital, préservez ce mystère en ne partageant pas tout sur votre vie en ligne. Gardez des aspects de vous-même hors des médias sociaux pour maintenir l'attraction.

Chapitre 13

Le silence radio et la confiance en soi

La confiance en soi est un élément clé de la séduction et des relations épanouissantes. Le silence radio peut jouer un rôle important dans le renforcement de la confiance en soi d'une manière surprenante. Nous allons voir comment le silence radio peut renforcer la confiance en soi et les effets positifs qu'il peut avoir sur l'estime de soi.

1. Comment le silence radio peut renforcer la confiance en soi

L'indépendance émotionnelle : le silence radio encourage l'indépendance émotionnelle en vous donnant l'opportunité de vous détacher émotionnellement de la réaction de l'autre personne. Cela renforce votre confiance en votre capacité à gérer vos émotions et à prendre des décisions indépendamment des réactions extérieures.

L'affirmation des besoins : le fait de choisir d'utiliser le silence radio pour prendre du recul et réfléchir à une relation démontre que vous êtes capable de vous affirmer et de défendre vos besoins. Cela renforce votre confiance en votre capacité à établir des limites saines.

La patience et la persévérance : le silence radio enseigne la patience et la persévérance. Vous apprenez à attendre et à prendre le temps nécessaire pour obtenir ce que vous voulez. Cette patience renforce votre confiance en votre capacité à attendre des résultats positifs.

La découverte de soi : pendant le silence radio, vous avez l'occasion de vous découvrir davantage. Vous pouvez réfléchir à vos désirs, vos besoins et vos objectifs. Cette introspection favorise une meilleure compréhension de vous-même, ce qui renforce la confiance en soi.

2. Les effets positifs sur l'estime de soi

La reconnaissance de sa valeur : en choisissant de mettre en place le silence radio, vous reconnaissez votre propre valeur et votre importance dans la relation. Cela renforce l'estime de soi en vous rappelant que vous méritez d'être respecté et que vos besoins comptent.

La gestion des rejets : le silence radio peut parfois entraîner un rejet ou une absence de réponse de l'autre personne. Apprendre à gérer ces rejets de manière mature et à ne pas laisser votre estime de soi en dépendre renforce votre confiance en vous.

La capacité à prendre des risques : le silence radio implique parfois de prendre des risques émotionnels, notamment la possibilité que l'autre personne ne revienne pas vers vous. Le fait d'oser prendre ces risques renforce votre confiance en votre capacité à affronter l'incertitude.

La croissance personnelle : le silence radio favorise la croissance personnelle en vous obligeant à sortir de votre zone de confort et à réfléchir sur vous-même et sur vos relations. Cette croissance renforce votre estime de soi en vous montrant que vous êtes capable de vous adapter et de vous améliorer.

Chapitre 14

Le silence radio en action

Nous allons maintenant voir des études de cas détaillées pour illustrer comment le silence radio a été utilisé avec succès dans diverses situations de séduction. Ces exemples concrets vous montreront comment cette stratégie peut être appliquée dans la vie réelle et les leçons à tirer de ces expériences.

Exemple 1 : le rétablissement de l'attraction

Sophie et Marc étaient en couple depuis plusieurs années, mais leur relation avait perdu de son éclat. Marc avait remarqué que Sophie semblait de moins en moins intéressée par leur relation. Pour raviver l'attraction, Marc a décidé de mettre en place le silence radio pendant deux semaines. Pendant cette période, il s'est concentré sur ses propres activités, a retrouvé sa confiance en lui et a réfléchi à ce qu'il voulait vraiment de la relation.

Leçons tirées :

Le silence radio peut raviver l'attraction en créant un manque temporaire.

Lorsque vous utilisez le silence radio, concentrez-vous sur votre propre croissance personnelle.

Exemple 2 : la clarification des sentiments

Laura avait commencé à fréquenter Max, mais elle se sentait confuse au sujet de ses propres sentiments. Elle a choisi de mettre en place le silence radio pendant une semaine pour réfléchir à sa propre situation émotionnelle. Max a respecté son besoin d'espace.

Leçons tirées :

Le silence radio peut être utilisé pour clarifier les sentiments de chacun. Il est important de communiquer ouvertement vos intentions à l'autre personne.

Exemple 3 : le rétablissement de la communication

Paul avait eu une dispute avec Sarah, et leur relation avait souffert. Pour rétablir la communication, Paul a choisi de mettre en place le silence radio pendant quelques jours. Pendant cette période, il a réfléchi à la dispute et a préparé une discussion constructive pour aborder les problèmes.

Leçons tirées :

Le silence radio peut être utilisé pour rétablir la communication dans une relation tendue.

La réflexion personnelle pendant le silence radio peut aider à préparer des discussions importantes.

Exemple 4 : la création d'une connexion émotionnelle

Alex et Emma se fréquentaient depuis quelques mois, mais la relation commençait à perdre de sa profondeur. Alex a choisi d'appliquer le silence radio en espaçant les rencontres pendant un certain temps. Pendant cette période, ils ont tous deux réfléchi à leurs sentiments et à ce qu'ils attendaient de la relation. Lorsqu'ils ont recommencé à se voir, ils étaient plus ouverts et plus investis émotionnellement.

Leçons tirées :

Le silence radio peut être utilisé pour créer une connexion émotionnelle plus profonde.
Il est essentiel de rétablir la communication et de partager vos réflexions après une période de silence radio.

Exemple 5 : l'établissement de limites saines

Lucie avait commencé à voir Martin, mais elle sentait qu'il était trop insistant et envahissant. Elle a choisi de mettre en place le silence radio pour lui faire comprendre qu'elle avait besoin d'espace. Lorsqu'ils ont repris contact, elle a expliqué ses besoins en termes de limites personnelles.

Leçons tirées :

Le silence radio peut être utilisé pour établir des limites saines dans une relation.
La communication ouverte des besoins est essentielle après le silence radio.

Exemple 6 : la réduction de la pression

François était enthousiaste au sujet de sa nouvelle relation avec Isabelle, mais il a rapidement senti que sa propre excitation poussait Isabelle à se sentir submergée. Pour réduire la pression, François a choisi de mettre en place le silence radio pendant quelques jours. Cette pause a permis à Isabelle de retrouver son calme et de se sentir plus à l'aise dans la relation.

Leçons tirées :

Le silence radio peut être utilisé pour réduire la pression dans une nouvelle relation.
Il est important de communiquer ses intentions après le silence radio pour éviter toute confusion.

Ces études de cas illustrent comment le silence radio peut être utilisé avec succès dans une variété de situations de séduction. Il peut raviver l'attraction, clarifier les sentiments, rétablir la communication, créer une connexion émotionnelle, établir des limites saines et réduire la pression. Cependant, il est crucial de rétablir la communication de manière ouverte et honnête après une période de silence radio pour maintenir des relations saines et épanouissantes.

Chapitre 15

Le silence radio : mythes et réalités

Le silence radio est une stratégie de séduction puissante, mais il est entouré de nombreux mythes et idées fausses. Nous allons démystifier ces croyances courantes et clarifier les malentendus pour une compréhension plus claire de ce que le silence radio peut et ne peut pas accomplir.

Mythe 1 : le silence radio est une manipulation

Réalité : le silence radio n'est pas nécessairement une manipulation. Il s'agit d'une stratégie de communication où vous choisissez de ne pas communiquer temporairement pour diverses raisons. Cependant, comme toute stratégie, il peut être utilisé de manière éthique ou manipulatrice. L'intention derrière son utilisation détermine si elle est éthique ou non.

Mythe 2 : le silence radio fonctionne à tous les coups

Réalité : le succès du silence radio dépend de nombreux facteurs, notamment la situation, les personnalités impliquées et les intentions derrière son utilisation.

Il n'y a aucune garantie que le silence radio fonctionnera à chaque fois. C'est une stratégie, pas une formule magique.

Mythe 3 : le silence radio est une solution miracle aux problèmes de relation

Réalité : le silence radio peut aider à résoudre certains problèmes relationnels, mais il ne peut pas tout résoudre. Si les problèmes sous-jacents de la relation sont graves, le silence radio seul ne suffira pas. Une communication ouverte et honnête est souvent nécessaire pour résoudre les problèmes profonds.

Mythe 4 : le silence radio est toujours néfaste pour la relation

Réalité : le silence radio n'est pas nécessairement néfaste pour une relation. Dans de nombreux cas, il peut être utilisé de manière constructive pour créer de l'espace, raviver l'attraction ou clarifier les sentiments. Cependant, il est essentiel de rétablir la communication après une période de silence pour éviter l'éloignement permanent.

Mythe 5 : le silence radio est toujours douloureux pour l'autre personne

Réalité : le silence radio peut être difficile à vivre pour l'autre personne, en particulier si elle ne comprend pas les raisons derrière cette stratégie. Cependant, il peut également offrir un espace pour la réflexion et la croissance personnelle. Le résultat dépend de la manière dont le silence radio est utilisé et de la réaction de l'autre personne.

Mythe 6 : le silence radio signifie que vous abandonnez la relation

Réalité : le silence radio ne signifie pas nécessairement que vous abandonnez la relation. Il peut être utilisé pour prendre du recul, clarifier vos sentiments ou résoudre des problèmes. Cependant, il est important de communiquer vos intentions à l'autre personne pour éviter toute confusion.

Mythe 7 : le silence radio est toujours de courte durée

Réalité : la durée du silence radio peut varier considérablement en fonction de la situation. Il peut être de courte durée, comme quelques jours, ou de plus longue durée, jusqu'à plusieurs semaines. La durée dépend des objectifs et des besoins de la relation.

Mythe 8 : le silence radio est applicable à toutes les situations

Réalité : le silence radio n'est pas toujours la meilleure stratégie pour toutes les situations. Son efficacité dépend de la nature de la relation, des problèmes à résoudre et des personnalités impliquées. Il est essentiel de considérer soigneusement si le silence radio est approprié dans une situation donnée.

Chapitre 16

La communication après le silence radio

Après avoir utilisé le silence radio comme stratégie de séduction, la réouverture de la communication est une étape cruciale. Nous allons voir comment reprendre contact de manière efficace et les erreurs à éviter lors de cette phase délicate.

1. Comment reprendre contact de manière efficace

Soyez direct : lorsque vous décidez de reprendre contact, soyez direct et clair dans votre message. Par exemple, "j'ai beaucoup réfléchi pendant cette période de silence, et j'aimerais discuter de notre relation" est un moyen honnête de reprendre contact.

Montrez de l'empathie : exprimez de l'empathie envers l'autre personne et ses sentiments. Comprenez que le silence radio peut avoir été déconcertant, et assurez-vous que votre message montre que vous comprenez ses émotions.

Partagez vos réflexions : partagez les réflexions et les conclusions auxquelles vous êtes parvenu pendant la période de silence. Cela montre que vous avez investi du temps et de la réflexion dans la relation.

Proposez une rencontre en personne : si la relation est à un stade approprié, proposez de vous rencontrer en personne pour discuter. Les conversations en face à face permettent une communication plus authentique.

Laissez de l'espace : même après la reprise du contact, laissez de l'espace à l'autre personne pour exprimer ses sentiments et ses réflexions. N'attendez pas immédiatement des réponses ou des décisions.

2. Les erreurs à éviter lors de la réouverture de la communication

Évitez l'accusation : ne commencez pas la conversation en accusant l'autre personne de quelque chose. Accuser peut créer une atmosphère défensive et nuire à la communication.

Évitez de rester vague : ne soyez pas vague dans votre message de reprise de contact. Laissez l'autre personne savoir pourquoi vous avez choisi le silence radio et ce que vous espérez accomplir en reprenant la communication.

Évitez de sous-estimer les sentiments de l'autre : ne minimisez pas les sentiments de l'autre personne ou ne les ignorez pas. Montrez de la considération envers ses émotions, même si vous ne les comprenez pas totalement.

Évitez la pression : ne mettez pas de pression sur l'autre personne pour qu'elle prenne une décision immédiate. Le temps peut être nécessaire pour que chacun réfléchisse et décide de la meilleure voie à suivre.

Évitez la répétition des erreurs : si des problèmes ont conduit à la nécessité d'utiliser le silence radio, assurez-vous de ne pas répéter ces erreurs lors de la reprise de la communication. Montrez que vous êtes prêt à apporter des changements positifs.

La réouverture de la communication après le silence radio est une étape cruciale dans le processus de séduction. Pour réussir, soyez direct, montrez de l'empathie, partagez vos réflexions, proposez une rencontre en personne si approprié, et laissez de l'espace à l'autre personne. Évitez les accusations, restez clair, ne sous-estimez pas les sentiments de l'autre, ne mettez pas de pression et évitez de répéter les erreurs passées.

Chapitre 17

Ressources complémentaires

Pour ceux qui souhaitent approfondir leur compréhension du sujet de la séduction, du silence radio et des relations interpersonnelles, il existe de nombreuses ressources complémentaires disponibles, notamment des livres, des articles, des sites web et plus encore. Voici quelques suggestions pour aller plus loin dans l'étude de la séduction :

1. Livres

L'art de la séduction par Robert Greene : ce livre explore les principes de la séduction et offre des conseils sur la manière d'attirer et de retenir l'attention de quelqu'un.

Pourquoi l'amour fait mal par Eva Illouz : cette œuvre examine les dynamiques de l'amour moderne et explore comment les relations interpersonnelles sont influencées par la culture contemporaine.

Attached: The New Science of Adult Attachment and How It Can Help You Find - and Keep - Love par Amir Levine et Rachel Heller : ce livre explore les théories de l'attachement adulte et comment elles affectent nos relations amoureuses.

Nonviolent Communication: A Language of Life par Marshall B. Rosenberg : ce livre offre un guide sur la communication non violente, un outil précieux pour améliorer la communication dans toutes les relations, y compris les relations amoureuses.

2. Articles en ligne

Le site web de Mark Manson (www.markmanson.-net) offre une variété d'articles sur la vie, l'amour et les relations interpersonnelles.

Le site web de The Gottman Institute (www.gottman.com) propose des ressources sur les relations, y compris des articles sur la communication et la résolution des conflits.

3. Sites web et forums

Le forum Reddit r/dating_advice (www.reddit.com/ r/dating_advice) est un endroit où les gens partagent leurs expériences et posent des questions sur la séduction et les relations.

Le site web de LovePanky (www.lovepanky.com) propose une variété d'articles et de conseils sur la séduction, la datation et les relations.

4. Cours en ligne

Udemy (www.udemy.com) propose une sélection de cours en ligne sur la séduction, la communication dans les relations et le développement personnel.

Coursera (www.coursera.org) propose des cours sur la psychologie des relations, la communication efficace et d'autres sujets liés aux relations interpersonnelles.

5. Conférences et événements

Recherchez des conférences et des ateliers locaux sur la séduction, la psychologie des relations ou le développement personnel dans votre région. Ces événements peuvent offrir des opportunités d'apprentissage en personne et de réseautage.

6. Coaching en séduction

Si vous cherchez une approche plus personnalisée pour améliorer vos compétences en séduction, envisagez de travailler avec un coach en séduction ou un conseiller en relations. Ces professionnels peuvent vous fournir un soutien individualisé et des conseils pratiques.

Table des matières

Printed in France by Amazon
Brétigny-sur-Orge, FR